中华优秀传统文化是中华民族的突出优势，是我们最深厚的文化软实力

目录

王蒙，河北南皮人，祖籍河北沧州，1934 年 10 月 15 日生于北京。中共第十二届、十三届中央委员，第八、九、十届全国政协常委。中国当代作家、学者，文化部原部长、中国作家协会名誉主席，任解放军艺术学院、南京大学、浙江大学、上海师范大学、华中师范大学、新疆大学、新疆师范学院、中国海洋大学、安徽师范大学教授、名誉教授、顾问，中国海洋大学文新学院院长。著有长篇小说《青春万岁》、《活动变人形》等近百部小说，其作品反映了中国人民在前进道路上的坎坷历程。曾获意大利蒙德罗文学奖、日本创价学会和平与文化奖、俄罗斯科学院远东研究所与澳门大学荣誉博士学位、约旦作家协会名誉会员等荣衔。作品翻译为二十多种语言在各国发行。

王蒙先生 国学作品

原文化部长解读孔孟老庄
四本书看懂中国传统文化智慧

《王蒙讲孔孟老庄》

原文化部长解读儒道经典，
带你看懂传统文化智慧。
本书从儒和道的经典源头，
将国学最精华的部分分享给大家。

北京联合出版公司
定价：174.00元
作者：王蒙
ISBN 978721307670101

《得民心得天下：王蒙说《孟子》》

王蒙八十余岁高龄逐字反复批改，
深度挖掘孟子的智慧。
《孟子》是儒家的重要经典之一，
阅读传统文化经典的必读书目。

浙江人民出版社
定价：58.00元
作者：王蒙
ISBN 9787213076701

《天下归仁》

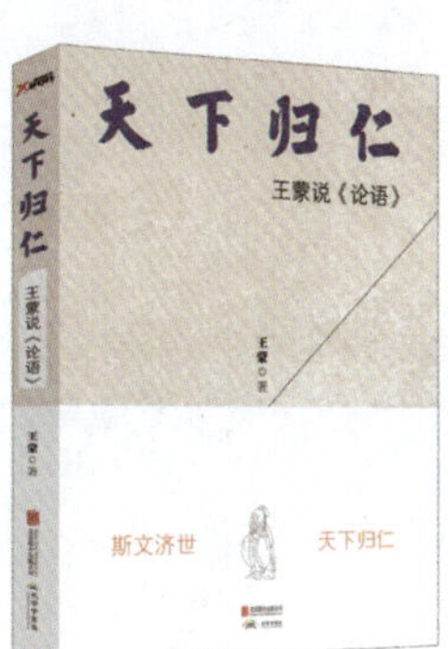

王蒙七年心血之作，
再现《论语》微言大义。
在本书中，王蒙先生对儒家经典《论语》
进行了精彩睿智的“王解”与“评点”。

北京联合出版公司
定价：58.00元
作者：王蒙
ISBN 9787550243088

《游刃有余》

王蒙以八十年的人生阅历为基础，以六十年的写作功底，对道家文化之源的老庄文化进行了风趣而深刻的解读，力图将老庄智慧中具有现实意义的精华部分带给读者。

北京联合出版公司
定价：58.00元
作者：王蒙
ISBN 9787550278882

周国平

周国平，中国社会科学院哲学研究所研究员，中国当代著名学者、散文家、哲学研究者、作家，是中国研究哲学家尼采的著名学者之一。1945 年生于上海，1967 年毕业于北京大学哲学系，1981 年毕业于中国社会科学院研究生院哲学系。

★中国当代著名学者

★灵动而质朴的语言，撼动人心的人生哲理

★征服千万读者，带你与灵魂对话的心灵之书

周国平

作品集

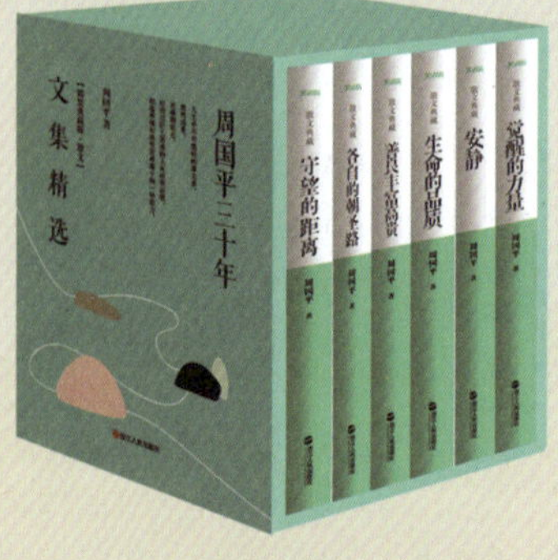

周国平三十年文集精选（精装典藏版·散文）

浙江人民出版社/定价：238.00元
作者：周国平/ISBN　978721306480701

周国平三十年文集精选（精装典藏版·随笔）

浙江人民出版社/定价：180.00元
作者：周国平/ISBN　978721306477701

《风中的纸屑（精装）》

《风中的纸屑》是继《人与永恒》之后作者的第二本随感集。思想恰如风中的纸屑，其中有一些落在了幸运的手上，大部分都随风飘散了。

浙江人民出版社
定价：36.00元
作者：周国平
ISBN 9787213064746

《善良丰富高贵（精装）》

对市场经济和文化生活的关系进行了多方面的考查，涉及性爱自由、金钱观、电视文化等等问题。

浙江人民出版社
定价：39.80元
作者：周国平
ISBN 9787213064784

《人与永恒（精装）》

《人与永恒》是作家周国平的第一本随笔集，也是出版后最受读者欢迎的作品之一。当人们为了生活忙碌，忘记了思考，作者却将他经过深思熟虑的生活感悟呈现出来。

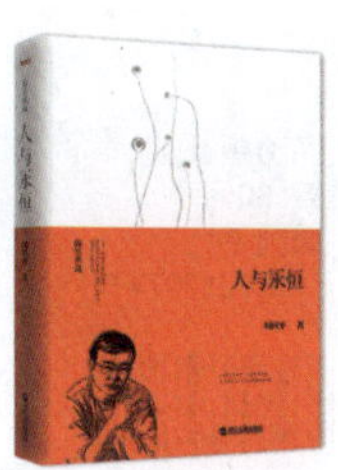

浙江人民出版社
定价：36.00元
作者：周国平
ISBN 9787213064777

《守望的距离（精装）》

《守望的距离》是作家周国平的第一本散文集，收集了作者1983年至1995年4月的散文作品。

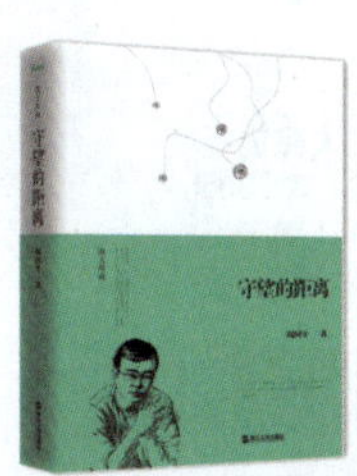

浙江人民出版社
定价：39.80元
作者：周国平
ISBN 9787213064807

《把心安顿好（精装）》

人最宝贵的东西是生命和心灵，把命照看好，把心安顿好，人生即是圆满。

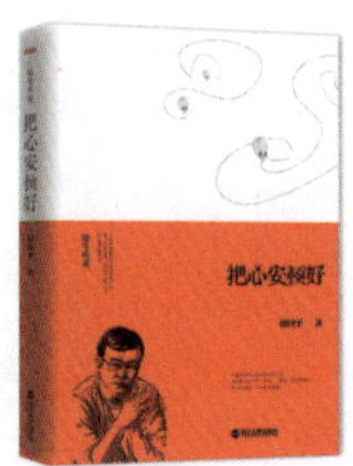

浙江人民出版社
定价：36.00元
作者：周国平
ISBN 9787213064739

《各自的朝圣路（精装）》

作者将自己定位于“守望者”，并与时代潮流保持着适当的距离，以守护人生那些永恒的价值， 望和关心人类精神生活的基本走向。

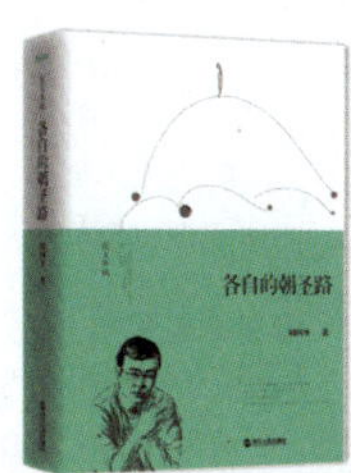

浙江人民出版社
定价：39.80元
作者：周国平
ISBN 9787213064753

《安静（精装）》

《安静》是周国平从1999年到现在所发表的文章的结集。本书在写作时间上与那两种书衔接，是作者的散文的第三个完整结集。

浙江人民出版社
定价：39.80元
作者：周国平
ISBN 9787213064722

《内在的从容（精装）》

《内在的从容》代表了作者近些年特别愿意保持的一种状态，在今天的世界上，大家都很忙，作者似乎也不例外。

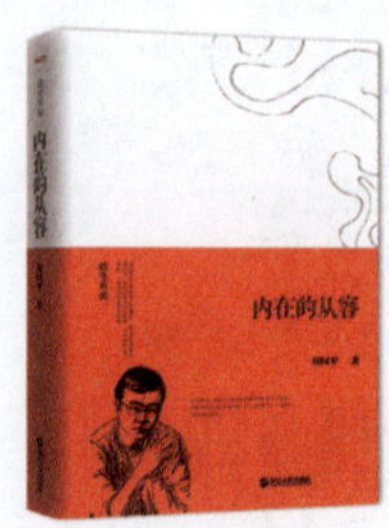

浙江人民出版社
定价：36.00元
作者：周国平
ISBN 9787213064760

《生命的品质（精装）》

在一定意义上，人生觉悟就在于透过这些社会堆积物去发现你的自然的生命，又透过肉身生命去发现你的内在的生命，灵魂一旦敞亮，你的全部人生就有了明灯和方向。

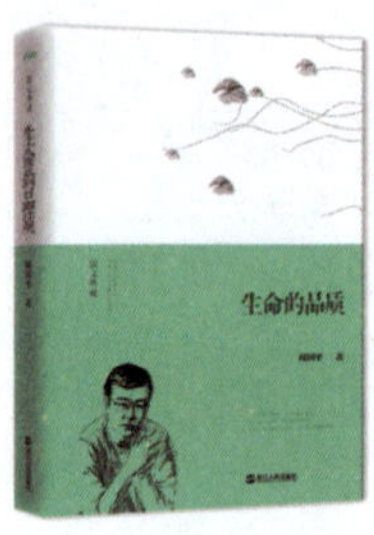

浙江人民出版社
定价：39.80元
作者：周国平
ISBN 9787213064791

《觉醒的力量》

觉醒是一种巨大的内在力量，拥有了这个力量，一切外来的负面力量都不能真正把人打败。

浙江人民出版社
定价：39.80元
作者：周国平
ISBN 9787213074721

《人生不较劲》

所谓“人生不较劲”，是不和自己、他人、老天较劲之意。在作者看来，盲目较劲往往是人世间痛苦的根源，唯有具备不较劲的智慧，才能把劲儿节省和积聚起来，使在正确的方向上，从而实现自我的价值，得到真正的幸福。

浙江人民出版社
定价：36.00元
作者：周国平
ISBN 9787213074738

于丹

于丹，是一位中国当代知名文化女学者。北京师范大学教授、博士生导师、北京师范大学文化创新与传播研究院院长，北京师范大学艺术与传媒学院副院长，国务院参事室特约研究员。著名电视策划人，被誉为中国电视业的“军师”。中共党员，北京市政协委员，中共十八大代表。

先后担纲《在共和国史册上》、《太阳照常升起》、《香港沧桑》等20余部大型电视专题片撰稿人；《正大综艺》、《环球》等电视栏目撰稿人；大型专题节目《非凡抗击》总撰稿，2001年中华人民共和国申奥片策划。

磨铁国学年

国学大家 于丹

带你一同找回心灵深处的宁静之美

《于丹：国学四品》

存孔子之志，养庄子之风，读诗词之美，品人生之趣。本书为于丹国学系列套装，目的是立足当下、激活中国人的古典文化基因。

北京联合出版公司
定价：161.40元
作者：于丹
ISBN 9787559601957

《于丹：读论语，品庄子》

存孔子之志，养庄子之风，读诗词之美，品人生之趣。本书为于丹国学系列套装，目的是立足当下、激活中国人的古典文化基因。

北京联合出版公司
定价：79.60元
作者：于丹
ISBN 9787559601872

《于丹：中国人的生活之美》

读一首诗，捧一盏茶，体味中国人的雅致与风度，诗词歌赋，琴棋书画，山鸣林啸，煮酒烹茶，这是一个中国人应有的样子和风度。

北京联合出版公司
定价：81.80元
作者：于丹
ISBN 9787559602114

《于丹：重温最美古诗词(再版)》

从解读儒家经典《论语》到赏析中国传统文化最源远流长、普及率最高的古诗词，于丹回归古典文学专业。

北京联合出版公司
定价：42.00元
作者：于丹
ISBN 9787550273238

《于丹趣品人生》

于丹是让人钦佩的，她深厚的古文学功底，在《于丹趣品人生》一段段的文字中表现的淋漓尽致。

北京联合出版公司
定价：39.80元
作者：于丹
ISBN 9787550278271

《于丹《庄子》心得》

和于丹一起，在庄子的汪洋恣肆中，感受自然人格的自我超越，心灵遨游。

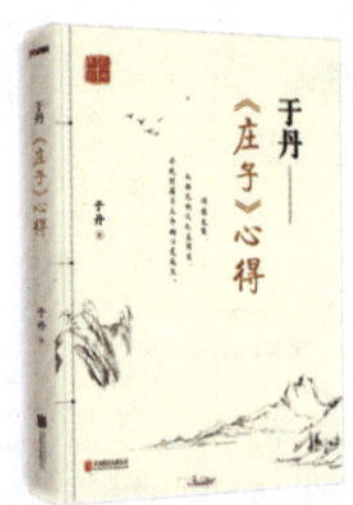

北京联合出版公司
定价：39.80元
作者：于丹
ISBN 9787550291799

《于丹《论语》感悟》

《论语》的朴素和温暖，就在于里面不仅有天下大道之志，更重要的是它永远不失去脚下朴素的起点。也就是说，它告诉我们修养身心的道理，并且还会给出一条脚下的路，让我们抵达自己的理想。

北京联合出版公司
定价：39.80元
作者：于丹
ISBN 9787550292154

季羡林

季羡林（1911 年 8 月 6 日—2009 年 7 月 11 日），中国山东省聊城市临清人，字希逋，又字齐奘。国际著名东方学大师、语言学家、文学家、国学家、佛学家、史学家、教育家和社会活动家。历任中国科学院哲学社会科学部委员、聊城大学名誉校长、北京大学副校长、中国社会科学院南亚研究所所长，是北京大学的终身教授。

季羡林

唯一亲定自选集

浓缩一生著作精华

《季羡林唯一亲定自选集》
浙江人民出版社/定价：580.00元
作者：季羡林/ISBN　9787213069638O

学术经典、人生感悟、经典散文、国内外游记、回忆录、日记
集中呈现一代大师的治学之志、文章之风与人格之美

《季羡林谈人生(精装珍藏版)》

一个从黑暗时期走过的人，还能葆有对一切美好事物的追求和热爱，是一件令人肃然起敬的事。

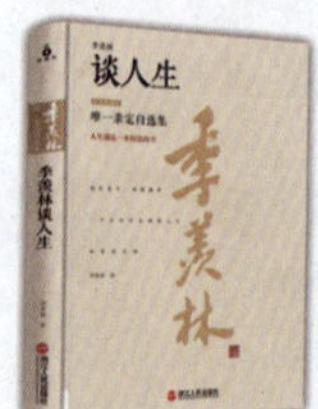

浙江人民出版社
定价：46.00元
作者：季羡林
ISBN 9787213069666

《我的心是一面镜子（精装珍藏版）》

本书是季羡林对自己百年学问人生的回忆与记述，他将自己的心比作一面镜子，是一位百岁老人对中国近一个世纪的真实见证。

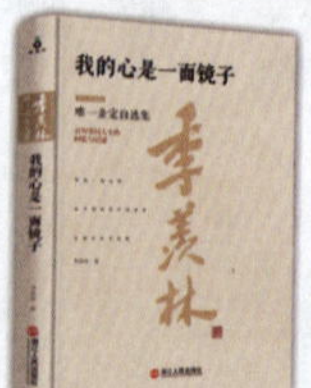

浙江人民出版社
定价：42.00元
作者：季羡林
ISBN 9787213069734

《牛棚杂忆（精装珍藏版）》

《牛棚杂忆》是季羡林对文革时期经历的一本回忆录，他以幽默甚至是调侃的笔调讲述自己在“文革”中的不幸遭遇。

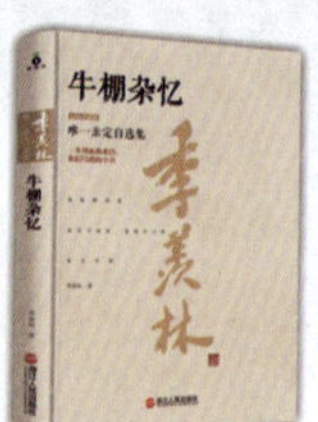

浙江人民出版社
定价：38.00元
作者：季羡林
ISBN 9787213069758

《季羡林谈佛（精装珍藏版）》

本书既是佛教入门经典，也是季羡林学术著作中影响巨大的代表作。

浙江人民出版社
定价：46.00元
作者：季羡林
ISBN 9787213069710

《季羡林谈国学（精装珍藏版）》

面对“国学热”，季羡林晚年提出了“大国学”的概念，主张以开放宏观的视角看待国学。

浙江人民出版社
定价：38.00元
作者：季羡林
ISBN 9787213069680

《一生的远行（精装珍藏版）》

本书集中收录了季羡林的系列游记也成为作者生命本身的一种记录。

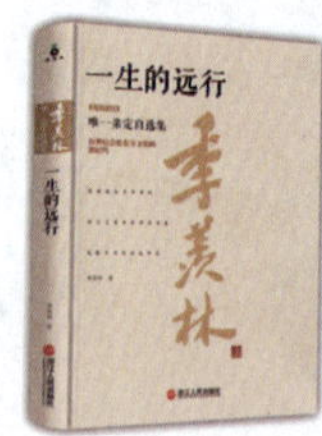

浙江人民出版社
定价：38.00元
作者：季羡林
ISBN 9787213069741

《读书·治学·写作（精装珍藏本）》

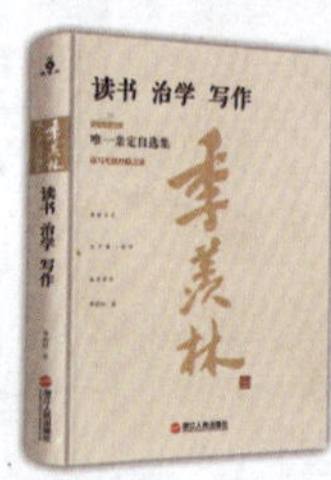

本书集结了季羡林关于读书、治学和写作方面的心得，另收录了他对陈寅恪、胡适等人治学理论的论述。做了一辈子学术研究的季羡林，将自己的实践经验坦诚地拿出来与人分享，于广大学生和学者而言，都是很有益处的。

浙江人民出版社
定价：42.00元
作者：季羡林
ISBN 9787213069635

《风风雨雨一百年（精装珍藏版）》

本书收录了近百幅独家珍贵照片，可以说是季羡林从私塾孩童到百岁老人的全记录。

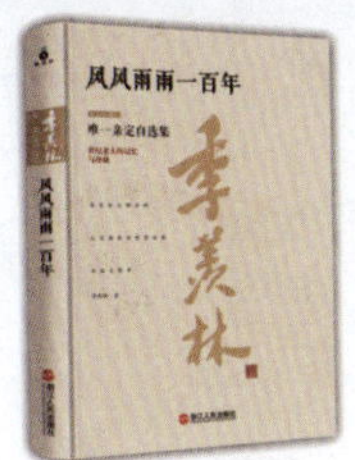

浙江人民出版社
定价：46.00元
作者：季羡林
ISBN 9787213069703

《赋得永久的悔（精装珍藏本）》

无论是写凡常小事还是忆跌宕人生，季羡林总能表现出观察事物、认识世事的独特眼光和深刻思想。

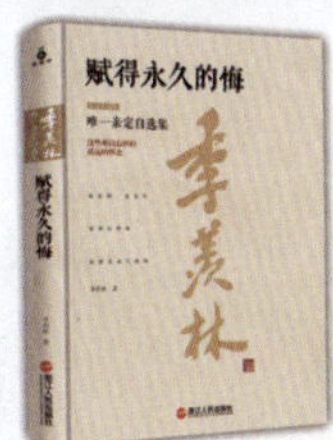

浙江人民出版社
定价：38.00元
作者：季羡林
ISBN 9787213069697

《季羡林谈东西方文化（精装珍藏版）》

作者主张文化起源多元论、文化交流论，认为东方文化的综合思维方式可以弥补西方文化的分析思维方式。

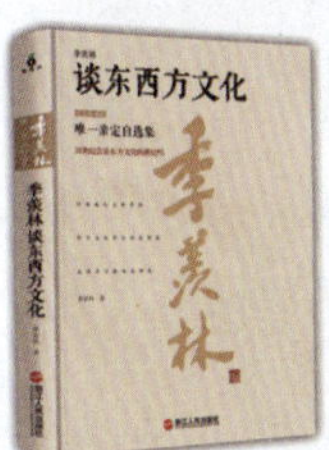

浙江人民出版社
定价：38.00元
作者：季羡林
ISBN 9787213069673

《红（精装珍藏版）》

一朵海棠花、一颗枸杞树、一件黄色军衣、一阵夜来香花开的气味……都是往昔，都是心事。

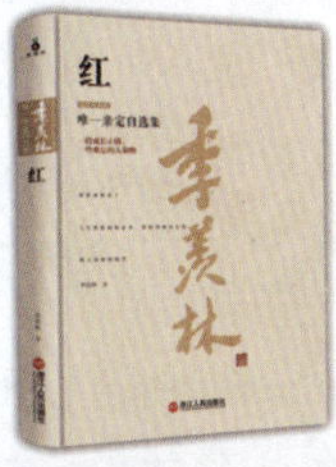

浙江人民出版社
定价：42.00元
作者：季羡林
ISBN 9787213069642

《象牙塔日记：精装珍藏版》

本书分上下两卷，收录了季羡林两个重要人生阶段的日记，上卷即引起巨大关注的《清华园日记》。

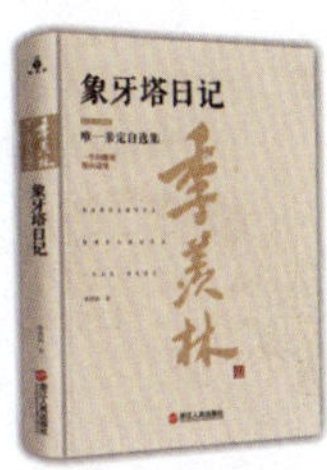

浙江人民出版社
定价：46.00元
作者：季羡林
ISBN 9787213069833

《悼念忆：师友回忆录（精装珍藏版）》

本书收录作者怀念一生重要师友的文章，勾绘出一幅20世纪中国知识分子的群像，而贯穿其间的则是时代变迁和个人命运的轨迹。

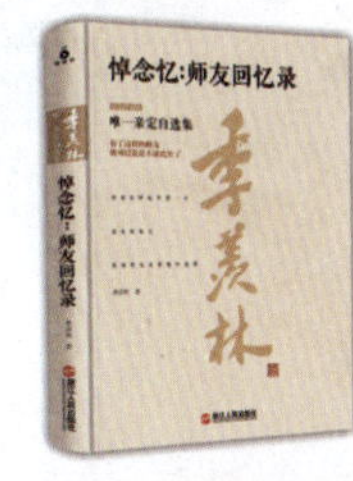

浙江人民出版社浙
定价：38.00元
作者：季羡林
ISBN 9787213069659

《彼岸印迹（精装珍藏版）》

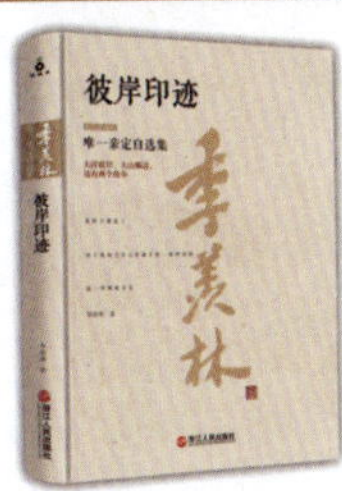

德国，季羡林生活十年、视之为第二故乡的地方，他在这里选定印度学为主修方向，奠定了毕生学术研究的根基；印度，作者用了半个多世纪在书卷、思考和怀想中无数次与之相遇的国家。

浙江人民出版社
定价：42.00元
作者：季羡林
ISBN 9787213069727

余秋雨

余秋雨，1946 年 8 月 23 日出生于浙江省余姚县，中国著名文化学者，理论家、文化史学家、作家、散文家。

1966 年毕业于上海戏剧学院戏剧文学系。1980 年陆续出版了《戏剧理论史稿》《中国戏剧文化史述》《戏剧审美心理学》。1985 年成为中国大陆最年轻的文科教授。1986 年被授予上海十大学术精英。1987 年被授予国家级突出贡献专家的荣誉称号。

阅遍文化，行尽千里，跨越千年的人格理想，

解开中国文化的灵魂之匙

余秋雨

文采、学问、哲思、演讲皆臻高位的当代巨匠

《君子之道》　　《君子之道（精装）》

了解君子之道，是在追踪中国人的精神家园和人格世界的底蕴。余秋雨耗费十几年探索，阅遍文化，行尽千里，撼动亿万华人读者，终成总结性成果。

北京联合出版公司
定价：38.00元
作者：余秋雨
ISBN 9787550233034

北京联合出版公司
定价：58.00元
作者：余秋雨
ISBN 9787550277199

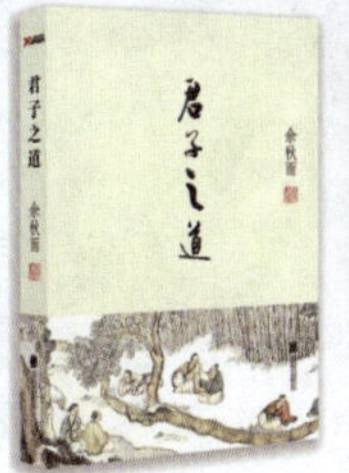

《北大授课：中华文化四十七讲》　　《北大授课：中华文化四十七讲（精装）》

一门独特的中华文化史课程，一部畅销海峡两岸的学术著作！全书包括“闪问”与“课程”两部分：最才思敏捷的课堂讨论，最诚恳的生命应答，最难以忘怀的47堂课。

北京联合出版公司
定价：32.80元
作者：余秋雨
ISBN 9787550210875

北京联合出版公司
定价：58.00元
作者：余秋雨
ISBN 9787550216600

《冰河》　　《冰河（精装）》

遇冰雪，被冰封在前后无援的河中，船上的考生金河凿冰救人，却因冻伤无法赶考。孟河为报恩代考，却中了状元，引出一连串扑朔迷离的意外和磨难，也留下一段沉香般的爱情传说。

北京联合出版公司
定价：38.00元
作者：余秋雨
ISBN 9787550233430

北京联合出版公司
定价：58.00元
作者：余秋雨
ISBN 9787550283022

《“君子三讲”文集套装》

余秋雨亲笔题写书名，修身卷《君子之道》+问学卷《北大授课》+传奇卷《冰河》精装套装，三卷本深入浅出，深情饱学的笔触，解读勾动整个民族内心的文化基因，弘扬君子正气，教你如何做一个合格、理想的中国人。

北京联合出版公司
定价：174.00元
作者：余秋雨
ISBN 9787550277199

余世存

余世存，诗人、思想家、学者、自由作家。做过中学教师、报社编辑、国家官员、志愿者。曾任《战略与管理》执行主编，《科学时报》助理总编辑。现为自由撰稿人，居北京。当代最重要的思想者，多次入选年度华人百名公共知识分子，被称为“当代中国最富有思想冲击力、最具有历史使命感和知识分子气质的思想者之一”。

时间之书

余世存 著

余世存说二十四节气

老树 绘

著名文化学者余世存最新力作

第一部全面解读二十四节气的国民读本

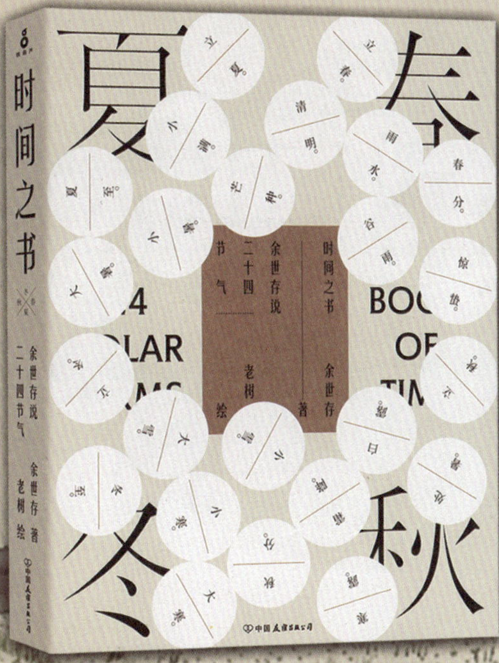

《时间之书：余世存说二十四节气》

中国友谊出版公司/定价：65.00元
作者：余世存/ISBN 9787505739338

沈从文（1902 – 1988），中国著名作家，原名沈岳焕，笔名休芸芸、甲辰、上官碧、璇若等，乳名茂林，字崇文，湖南凤凰人。其祖父沈宏富是汉族，祖母刘氏是苗族，母亲黄素英是土家族。因此，沈从文的民族应是汉族，但沈从文本人却更热爱苗族，他的文学作品中有许多对于苗族风情的描述。

沈从文
典藏文集

感动千万文艺青年的心灵读本

一曲恬静的田园牧歌，一个古朴的桃源世界

感动千万女性的爱情经典

曹文轩、严歌苓、安妮宝贝、马悦然、汪曾祺推崇阅读

《沈从文典藏文集》

精选沈从文毕生最高创作成就：《边城》《湘行散记》《永远学不尽的人生——从文自传》《我们相爱一生，一生还是太短》。

北京联合出版公司
定价：179.00元（全四册）
作者：沈从文
ISBN　9787550277168

《边城》

沈从文备负盛名的小说代表作，感动千万文艺青年的心灵读本，塑造了不染世俗尘埃的湘西世界，彰显人性的至真、至善和至美。

北京联合出版公司
定价：48.00元
作者：沈从文
ISBN　9787550277168

9 787550 277168

《我们相爱一生，一生还是太短》

沈从文诞辰115周年全新修订，感动千万女性的爱情经典。读了沈从文，才知道爱情原来这么凄美。

北京联合出版公司
定价：48.00元
作者：沈从文
ISBN　9787550284593

《湘行散记》

从文纯美散文代表作，备受文艺青年推崇的心灵游记。澄澈纯净的诗意文字，尽显诗意从容的湘西世界。

北京联合出版公司
定价：45.00元
作者：沈从文
ISBN　9787550284592

《永远学不尽的人生——从文自传》

沈从文的自传体散文集，自述从逃学大师到文学大师的成长历程。写给所有渴望生活但又不安于现状的年轻人。入选教育部推荐课外阅读书目，据1934年版本还原。

北京联合出版公司
定价：38.00元
作者：沈从文
ISBN　9787550283060

许倬云，江苏无锡人，1949 年赴台，就读于台南二中，完成高三最后半年学业，进入台大历史系，后获得美国芝加哥大学人文学科博士学位。先后被聘为香港中文大学历史系讲座教授、南京大学讲座教授、夏威夷大学讲座教授、杜克大学讲座教授、匹兹堡大学史学系退休名誉教授等职，代表作为《中国古代社会史论》、《汉代农业》、《西周史》、《万古江河》。

许倬云说历史

史学大家许倬云 纵横讲谈大历史

“许倬云说历史”系列书是台湾史学大家许倬云先生基于“全球大历史”史学视角的通俗历史讲座读本，纵深横阔，深入浅出，充满人类关怀。本系列书一共五本，包括《大国霸业的兴废》《现代文明的成坏》《中西文明的对照》《文明变局的关口》《台湾四百年》。此为最新修订版。

《许倬云说历史系列一：大国霸业的兴废（精装珍藏版）》

一书尽览古今中外大国兴衰，视野开阔，高屋建瓴，深入浅出，难得的大家气象。

浙江人民出版社
定价：39.80元
作者：许倬云
ISBN　9787213072284

《许倬云说历史系列二：现代文明的成坏（精装珍藏版）》

许倬云先生以宏阔的视野与通俗的语言，高屋建瓴地描绘出一幅现代文明的全景图。

浙江人民出版社
定价：39.80元
作者：许倬云
ISBN　9787213071904

《许倬云说历史系列三：中西文明的对照（精装珍藏版）》

视野宏阔，一书看清中国和欧洲两种世界重要文明的发展脉络，看清全球历史视野观照下的中华文明何来又何往。

浙江人民出版社
定价：39.80元
作者：许倬云
ISBN　9787213075025

《许倬云说历史系列四：文明变局的关口（精装珍藏版）》

许倬云先生以宏阔的视野与通俗的语言，高屋建瓴地描绘出一幅现代文明的全景图。

浙江人民出版社
定价：39.80元
作者：许倬云
ISBN　9787213076084

《许倬云说历史系列五：台湾四百年（精装珍藏版）》

一本书读懂台湾的历史与现实，了解过去的台湾，理解现在的台湾。

浙江人民出版社
定价：39.80元
作者：许倬云
ISBN　9787213077043

《许倬云说历史系列1-5（精装珍藏版）》

“许倬云说历史”系列书是台湾史学大家许倬云先生基于“全球大历史”史学视角的通俗历史讲座读本，纵深横阔，深入浅出，充满人类关怀。

浙江人民出版社
定价：199.00元
作者：许倬云
ISBN　9787213072284